Richard Deiss

Zahlen bitte!

77
interessante Infotafeln,
die zählen und Zahlen zeigen

Impressum

Autor:	Richard Deiss
Fotografien:	Richard Deiss/siehe Quellennachweis
Cover:	Richard Deiss, Foto: Ruth Pindus
Lektorin:	Heide von Lackum
Kontakt:	richard.deiss@gmail.com

Herstellung und Verlag: BoD - Books on Demand, Norderstedt, Printed in Germany

ISBN: 978-3-756-839-964

Zweite Auflage 2023, Originalausgabe

Bibliografische Information der Deutschen Nationalbibliothek
Die Deutsche Nationalbibliothek verzeichnet diese Publikation in der Deutschen Nationalbibliografie; detaillierte bibliografische Daten sind im Internet über http://dnb.d-nb.de abrufbar

Inhalt

Fahrradzählgerät in Ottawa

#

Vorwort

Ich bin ein ausgesprochener Städte-Reisender und habe in Deutschland bereits mehr als 1000 Städte besucht und im restlichen Europa 1000 weitere Städte. Bei diesen vielen Städtebesuchen stieß ich immer wieder auf interessante Gedenk- und Informationstafeln. Schätzungsweise habe ich bereits mehr als 1000 solcher Tafeln gesehen.

Anfang des Jahres 2022 fasste ich den Beschluss, die 100 interessantesten Tafeln in einem kleinen Taschenbuch aufzulisten. Schließlich kam so viel Material zusammen, dass ich beschloss, mehrere Einzelbände zu bestimmten Themen zu publizieren. Der erste Band war besonders kuriosen Gedenk- und Infotafeln gewidmet. Die Bände zwei bis vier zeigen Tafeln und Fassadeninschriften mit Gedichttexten in verschiedenen Sprachen und Dialekten.

Der fünfte Band widmet sich nun Tafeln und elektronischen Anzeigen rund um das Thema `Zahlen und Statistik´.

Die vorliegende Zusammenstellung ist eine bunte Mischung aus verschiedenen Tafeltypen, Gedenkgegenständen, analogen Uhren und elektronischen Displays, welche Zahlen zeigen.

Ich freue mich, wenn das Buch LeserInnen findet, die es interessant und unterhaltsam finden. Rückmeldungen und Kommentare sind willkommen. Vielleicht werden LeserInnen auch angeregt, die eine oder andere Zahl(entafel) selbst in Augenschein zu nehmen.

Jörg Berkes (Langen) danke ich für die Kommentare und Verbesserungsvorschläge zur zweiten Auflage.

Viel Spaß beim Lesen und dem Betrachten der Bilder.

Isny, im Januar 2023
Richard Deiss

Vorwort zur 2. Auflage

Einige wenige der in der ersten Auflage vorgestellten Installationen, die Zahlen zeigen, existieren bereits nicht mehr:

-die Neubaustrecke Wendlingen-Ulm wurde am 11. Dezember eröffnet und die entsprechende Count-Down Uhr abgeschaltet;
-die Kerbholz-Installation zu den öffentlichen Schulden ist vom Spreeufer entfernt worden.
Die entsprechenden Seiten habe ich in der Neuauflage entfernt.
Um Platz für neue Zahlen zu schaffen, habe ich zudem die Friedensuhr von Friedenau (die in einem Juweliergeschäft ausgestellt und nicht öffentlich zu sehen ist) und den Pegel Neuss (es sind bereits mehrere Pegeluhren enthalten) aus dem Buch genommen.

Neu aufgenommen wurden in dieser Auflage:

- ein **Pflasterstein in Berlin-Neukölln**, der den Anteil der deutschen Bevölkerung im Stadtbezirk zeigt **(67,8%)**

-die **Hausnummer 4711** in Köln

-der **Geheimcode 05** am Stephansdom in Wien

-eine **Gedenktafel in Nijmegen**, die die Spenden der Amerikaner in den Nachkriegsjahren zeigt

1. Schulden- und Vermögensuhren

In Deutschland gibt es eine vom Bund der Steuerzahler (BdSt) aufgestellte **Schuldenuhr Deutschland** in Berlin und ähnliche Schuldenuhren für jedes Bundesland. Diese finden sich oft in Landesbüros des BdSt, manchmal auch in den jeweiligen Landtagen. Von Gewerkschaften wurden teilweise an deren Geschäftsstellen Vermögensuhren aufgestellt, auch um dem durch die Schuldenuhren implizierten Zwang zur Verringerung der Staatsausgaben zu entgegnen. Viele davon wurden jedoch bereits wieder abgeschaltet, weil sie wohl nicht mehr so gut zum Zeitgeist passten. Als ich die BdSt-Schuldenuhr NRW in Düsseldorf im September 2022 besuchte, war diese ebenfalls abgeschaltet (siehe unten). Dies sollte angesichts der für Ende 2022 erwarteten Energiekrise ein Beitrag zum Stromsparen sein. Auch die Schuldenuhr Deutschland in Berlin ist mittlerweile abgeschaltet.

Schuldenuhr NRW, Düsseldorf, Schillerstr.

Schuldenuhr Deutschland, Reinhardtstr. 52, Berlin

Als ich am 23. Dezember 2021 an der Schuldenuhr des Bundes der Steuerzahler in Berlin stand, wurden von dieser **Schulden der öffentlichen Hand in Deutschland** von 2384,47 Milliarden Euro angezeigt. Pro Kopf der Bevölkerung waren das 27.912 Euro. Die Schulden stiegen zu diesem Zeitpunkt um 7740 Euro pro Sekunde, oder 0,77 Milliarden Euro pro Tag, der schnellste Anstieg seit Aufstellung der Schuldenuhr im Jahr 1995. Als ich die Schuldenuhr im Oktober 2012 besuchte, damals noch in der Französischen Straße (seit 2016 am neuen Standort), betrug der Zuwachs nur 1335 Euro pro Sekunde.

Bei meinem Besuch der Schuldenuhr Ende September 2022 war sie, um Strom zu sparen, abgeschaltet und Passanten wurden aufgefordert, die Schuldenentwicklung im Internet zu verfolgen.

Schuldenuhr Bremen, Sandstr. 16

Als ich Anfang Juni 2022 die vom Bund der Steuerzahler (BdSt) installierte **Bremer Schuldenuhr** besuchte, zeigte sie einen Schuldenstand von 22.4 Milliarden Euro für Bremen an. Bei einer Bevölkerungszahl von etwa 670 000 sind das fast 33 000 pro Einwohner. Bremen hat damit die höchste Pro-Kopf-Verschuldung aller Bundesländer. Allerdings sind dabei die Landesschulden und die kommunalen Schulden der beiden Städte (Bremen, Bremerhaven) zusammengerechnet. Deshalb ergibt sich, wie bei den anderen Stadtstaaten, eine verglichen mit den Flächenstaaten hohe Pro-Kopf-Schuldenlast. Als die Schuldenuhr im Mai 2006 in Betrieb genommen wurde, lag der Schuldenstand noch fast 10 Milliarden Euro niedriger. 2008 beliefen sich die Schulden dann schon auf 15 Milliarden, 2014 wurde dann die Marke von 20 Milliarden durchbrochen. In den Folgejahren kam es zu einer Konsolidierung und im Jahr 2019 lief die Schuldenuhr sogar rückwärts. Seit dem Coronajahr 2020 ist jedoch wieder ein Anstieg zu verzeichnen.

Schuldenuhr Berlin, Lepsiusstr.110

Das vereinte Berlin durchlief nach der Wende einen harten Strukturwandel mit dem Verlust vieler vorher subventionierter Industriearbeitsplätze und einer anfangs erst zögerlichen Zunahme von Dienstleistungsarbeitsplätzen, oft in Niedriglohnbranchen. Berlin war deshalb lange die ärmste Hauptstadt der EU und das Wirtschaftswachstum war nur schwach. Seit etwa 10 Jahren ist jedoch ein Aufholprozess zu beobachten, Wirtschaftskraft und Einwohnerzahl steigen. Die Haushaltslage hat sich 2012-2019 deutlich verbessert, die Gesamtschulden sanken auf unter 60 Milliarden Euro. Mit dem Auftreten vomn Corona sind jedoch neue Herausforderungen hinzugekommen. Der **Schuldenstand** belief sich im Juni 2022 auf 61.8 Milliarden Euro, der Zuwachs pro Sekunde dabei fast 24 Euro. Pro Kopf waren es über 16 000 Euro, das doppelte des Bundesdurchschnittes, jedoch nur halb so viel wie in Bremen.

Vermögens/Schuldenuhr, Hamburg, Edmund-Siemers-Allee

Die **Vermögens- und Schuldenuhr Hamburg** an der Uni wurde 2011 aufgestellt, brannte jedoch 2016 ab. Im Sommer 2018 wurde eine neue Uhr installiert. Bei einem Besuch im Juni 2022 zeigte sie einen Schuldenstand von 48 Milliarden Euro (pro Kopf über 26 000 Euro, weniger als in Bremen, jedoch mehr als in Berlin), Zuwachs 71 Euro pro Sekunde. Die **Vermögensuhr** zeigte, dass das reichste Zehntel der Hamburger gleichzeitig über ein Vermögen von 226 Milliarden Euro verfügte, Zuwachs 254 Euro pro Sekunde.

Ehemalige Reichtumsuhr Berlin, Schiffbauerdamm 14

Vermögensuhren scheinen ein bisschen aus der Mode gekommen zu sein. Eine Vermögensuhr am Frankfurter Gewerkschaftshaus wurde wieder abgebaut. Die **Reichtumsuhr** am Schiffbauerdamm in Berlin-Mitte zeigte noch im Jahr 2021 einen öffentlichen Schuldenstand in Deutschland von 2.1 Billionen € verglichen mit einem Nettovermögen von 11.6 Billionen €, davon die reichsten 0.1 % (das reichste tausendstel) mit einem Nettovermögen von 2.4 Billionen. Bei einem Besuch im Juni 2022 war die Uhr bereits abgeschaltet und zeigte für alle drei Werte skurrilerweise nur noch 0 an, kein Reichtum mehr in Deutschland.

Ehemalige kommunale Schuldenuhr Düsseldorf

Nach dem Verkauf von RWE-Aktien im Jahr 2007 war Düsseldorf plötzlich schuldenfrei. Der damalige Oberbürgermeister Joachim Erwin ließ im September 2007 in einem Fenster des Düsseldorfer Rathauses eine **kommunale Schuldenuhr** anbringen. Die Uhr symbolisierte die Schuldenfreiheit der Stadt und zeigte die Zeit, seitdem die Stadt schuldenfrei war. Doch manche bezeichneten die Uhr als Lügenuhr, Ergebnis budgettechnischer Tricks und es gab Anträge, sie abzustellen. Mit Corona wendete sich schließlich seit Anfang 2020 das wirtschaftliche Blatt. Die Stadt musste neue Kredite aufnehmen.

So wurde die Schuldenuhr dann am 1. Februar 2021 eingestellt. Mittlerweile sind am Rathausfenster keine Spuren von ihr mehr zu sehen.

2. Bevölkerungsstatistik

2.1 Weltbevölkerungsuhren

Deutschland ist das Land der Weltbevölkerungsuhren. In Wuppertal wurde um das Jahr 2000 die weltweit erste Weltbevölkerungsuhr installiert, sie ist allerdings längst wieder abgeschaltet worden. In Hannover, Sitz der Stiftung Weltbevölkerung, gibt es sogar zwei Bevölkerungsuhren. Am 15. November 2022 war leider die Uhr an der Heinz von Heiden-Arena in Reparatur, so dass nur die Uhr am Zoo das Erreichen der achten Milliarde anzeigte. In Berlin ist am Bundesministerium für wirtschaftliche Zusammenarbeit, BMZ, eine weitere installiert.

Weltbevölkerungsuhr in Hannover, alter Standort Karmarschstr. Fußgängerzone

Ehemalige Weltbevölkerungsuhr Wuppertal, Poststr. 11

Von 1958-2016 betrieb die Wuppertaler Goldschmiede und Uhrmacherfamilie Abeler in der Poststr. in der Elberfelder Fußgängerzone ein Uhrenmuseum. Im Herbst 2017 wurde auch der Uhrenladen an gleicher Stelle von der Familie aufgegeben. Zur originell gestalteten Fassade gehörte auch **die erste öffentlich installierte Weltbevölkerungsuhr** weltweit. Diese muss kurz nach dem Jahr 2000 angebracht worden sein, denn eine Informationstafel sagt, dass 1804 die erste Milliarde erreicht wurde, 1927 die zweite, 1960 die dritte, 1974 die vierte, 1987 die fünfte und 1999 die sechste. Die 2011 erreichte 7. Milliarde wird auf der Tafel nicht erwähnt. Die digitale Anzeige der Weltbevölkerungszahl wurde mit Aufgabe des Geschäftes abgestellt. Eine Anfrage an das Tourismusamt der Stadt Wuppertal, ob diese erste Weltbevölkerungsuhr nicht einfach wieder angeschaltet werden könnte, wurde leider nicht beantwortet.

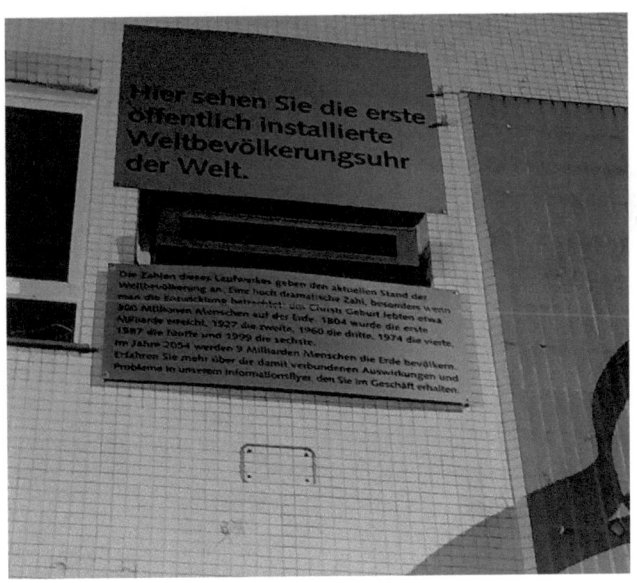

Weltbevölkerungsuhr, Arena Hannover

Hannover ist die Hauptstadt der **Weltbevölkerungsuhren**. In der Stadt gibt es gleich zwei. Am 28. Oktober 2011 wurde aus Anlass einer UN-Prognose, die für den 31. Oktober des eine Weltbevölkerungszahl von genau 7 Milliarden prognostiziert hatte, von der in Hannover sitzenden Stiftung Weltbevölkerung eine Weltbevölkerungsuhr in der Innenstadt am Platz der Weltausstellung installiert. Von dort zog sie im Juni 2013 jedoch an den Platz vor der Arena um. Später kam noch eine zweite Uhr am Zoo hinzu. Da Afrika zurzeit das Weltbevölkerungswachstum mit hohen Kinderzahlen treibt, ist eine Afrikanerin auf der Uhr abgebildet.

Weltbevölkerungsuhr BMZ, Berlin, Stresemannstr. 78

Am Bundesministerium für wirtschaftliche Zusammenarbeit ist eine **Weltbevölkerungsuhr** installiert, welche eine etwas niedrigere Bevölkerungszahl zeigt als die Uhr in Hannover. In Hannover wird die Uhr die Marke von 8 Milliarden Menschen bereits im Herbst 2022 erreichen, in Berlin ist das erst im Sommer 2023 der Fall. Die Aufnahme unten zeigt den Stand von Ende August 2022.

2.2 Verschiedenes zur Bevölkerung

Ghent, Sint Veerleplein, **Ai Nati Oggi** (Straßenlampen)

Der italienische Künstler Alberto Garutti (*1948) hat **Ai Nati Oggi** (für die am heutigen Tag Geborenen) im Jahr 2011 in der flämischen Stadt Gent installiert. Diese Art der Installation gibt es auch in Rom und Bergamo und sie war zeitweise in Istanbul zu sehen. Immer wenn in der Genter Geburtsklinik ein Kind geboren wird, dürfen die Eltern einen Knopf drücken, welcher die Straßenlampen auf dem Veerleplatz zum Leuchten bringt. Auf diesem Platz wurden im Mittelalter übrigens Leute hingerichtet. In Gent werden pro Jahr etwa 2000 Kinder geboren. Pro Tag sind das 5 bis 6 Kinder. Stimmten alle Eltern zu, würden die Lampen 4-5mal am Tag aufleuchten. Ich habe den Platz schon ein halbes Dutzendmal besucht, aber die Lampen leuchteten nie.

Tartu (Estland), **100 000-Einwohner-Monument**

Im Holmi-Park am Emajogi-Fluss in der estnischen Universitäts-
stadt Tartu zeigt ein Denkmal der estnischen Bildhauerin Mare Mi-
koff (*1941) die Zahl 100 000. Auf der ersten der sechs Granitzif-
fern sitzt ein Bronze-Baby. Das Denkmal wurde 1977 aufgestellt,
als die Stadt die Einwohnerzahl von 100 000 erreichte.
Die Einwohnerzahl stieg bis zur Wende weiter, um bis 2000 auf 98
000 abzusinken. Im Jahre 2010 lag sie mit 103 000 wieder über der
Schwelle, um bis 2020 wieder auf 98 000 zu fallen. Angesichts der
mittlerweile ausgeglichenen Geburtenbilanz und einem leicht po-
sitiven Wanderungssaldo des Landes, könnte die Marke bald wieder erreicht werden.

Süßmilch-Gedenktafel in Berlin-Zehlendorf

Lange habe ich in Berlin-Zehlendorf gewohnt und bin an diesem Eckhaus vorbeigegangen. Doch erst die Recherche zu diesem Buch, machte mich auf die am Gebäude angebrachte Gedenktafel für den in Zehlendorf geborenen Johann Peter Süßmilch aufmerksam. Süßmilch gilt als Wegbereiter und Vater der deutschen Bevölkerungsstatistik.

Ecke Teltower Damm/Berliner Str.

Kunstprojekt Meinstein, Berlin-Neukölln

Nadja Kaabi-Linke ist eine in Berlin lebende, 1978 in Tunis geborene Künstlerin mit tunesisch-ukrainischen Eltern. 2010-2013 verwirklichte sie auf dem **Albrecht-Scholz-Platz** im Berliner Stadtteil Neukölln das Projekt **MEINSTEIN**. Das Pflaster zeigte dabei in verschiedenen Farben die multi-ethnische Zusammensetzung der Neuköllner Bevölkerung. Zusätzlich zeigten Metalltafeln den Anteil wichtiger Bevölkerungsgruppen. Durch Vandalismus, Baumaßnahmen und Vernachlässigung war dort im November 2022 nur noch das Schild für die aus Deutschland stammende Bevölkerungsgruppe zu sehen. Der Anteil wird mit 67.8% angegeben und die Deutschen werden durch die Quirrenbacher Grauwacke repräsentiert.

3. Uhren mit speziellem Design

Nachdem fast alle Menschen mit einer eignen Armbanduhr und zusätzlich mit einem Smartphone ausgestattet sind, geht die Notwendigkeit von öffentlich sichtbaren Uhren zurück. Hohe Unterhaltskosten tragen ebenfalls zum Rückgang bei. Im Bereich von Bahnhöfen ist ihre Zahl bereits gesunken, während die Zahl der Kirchturmuhren naturgemäß recht stabil ist. Auffällig ist auch, dass eine große Zahl öffentlicher Uhren nicht die richtige Uhrzeit zeigt. Während analoge Uhren zur klassischen Stadtmöblierung gehören, haben sich digitale öffentliche Uhren nicht durchsetzen können, obwohl sie billiger im Unterhalt sind. Experimente mit dem Uhrendesign sind gegenüber den 1970er und 1980ern ebenfalls seltener geworden.

Uhren in Vlotho (Fünf vor Zwölf), Hünfeld Kegelspielradweg (Kein Bier vor Vier, Grand Central Terminal) und Kiel.

3.1 Seltsame Ziffernblätter

Uhr Isartor, Stadtseite, München

In Bayern gehen die Uhren anders, sagte einst der bayerische Komiker Karl Valentin (1882-1948). Am **Isartor** in München, in welchem sich seit 1959 das **Valentin-Karlstadt-Musäum** befindet,
hat man das auf der Innenstadtseite seit der Sanierung des Tores in
den 1970er Jahren auch zifferblattmäßig umgesetzt. Und nicht nur
das, auch die Zeiger laufen spiegelverkehrt.

Isartor

3.2 Seltsame digitale (binäre) Uhren

Berlin-Uhr, Kurfürstendamm

Der Erfinder Dieter Binninger (1938-1991) gestaltete im Jahr 1975 die **Berlin-Uhr**, welche auch **Mengenlehreuhr** genannt wird, obwohl sie eigentlich nichts mit der damals populären Mengenlehre zu tun hat. Die Berlin-Uhr gilt als erste Uhr der Welt, welche die Zeit mit leuchtenden Feldern anzeigt. Sie wurde deshalb ins Guinness-Buch der Rekorde aufgenommen. Die ersten beiden Lichterreihen zeigen die Stunden, die erste Zeile von oben in Fünferschritten, die zweite in Einerschritten. Beide Werte müssen addiert werden In der dritten und vierten Reihe sind die Minuten zu sehen, erst in Fünfer-, dann in Einerschritten. Die Uhr im Bild zeigt also 13:30. Ganz oben findet sich ein Blinklicht, welches im Sekundentakt blinken soll, bei meinem Besuch im Mai 2022 aber dauernd leuchtete.

Europacenter, Ecke Kurfürstenstr./Uhlandstr.

Digitaluhr 'Lichtzeitpegel', Rheinturm, Düsseldorf

Der 240,5 m hohe Fernsehturm Rheinturm in Düsseldorf zeigt zur Innenstadtseite die Lichtskulptur **Lichtzeitpegel** des Aachener Künstlers Horst H. Baumann (1934-2019), welche als größte Digitaluhr der Welt gilt. Die ersten beiden Punktegruppen zeigen die Stunden (Zehner, Einer), das zweite Punktepaar die Minuten, dann die Sekunden. Als ich das Bild machte, war es also 20:38 08 Uhr.

St. Gallen Bahnhofsuhr, Hauptbahnhof

Das schweizerische St. Gallen hat seit 2018 eine riesige Bahnhofsuhr, die niemand lesen kann. Die Zeit wird digital und binär dargestellt. Die erste Spalte von rechts steht für 1, die zweite für 2, die dritte für 4, die vierte für 8, die fünfte für 16 und die sechste für 32.

Die obersten Kreise zeigen die Stunden an, und zwar im Bild 1+2+4+8 = 15. Die Kreuze zeigen die Minuten, hier 2+16 = 18. Die Quadrate zeigen die Sekunden an (1+2+4+16 = 23). Es ist also 15:18:23, wie sich auch an der analogen Uhr ablesen lässt. Gestaltet wurde diese ungewöhnliche **digital-binäre Uhr** vom St. Galler Künstler Norbert Möslang.

3.3 Andere spezielle Uhren

Weltzeituhr, Berlin-Alexanderplatz

Die 1969 am Berliner Alexanderplatz zum 20. Jahrestag der Gründung der DDR aufgestellte **Weltzeituhr** ist bis heute die bekannteste Uhr Berlins. Auf der von Erich John (*1931) entworfenen Uhr werden 146 Orte auf einer Rotunde den 24 Zeitzonen zugeordnet. Die Zeitschrift Titanic meinte in den 1980ern scherzhaft, das wären alles Orte, wo DDR-Bürger nicht hinfahren könnten. Der Schaft der Uhr steht auf einer Windrose, über der Uhr dreht sich eine vereinfachte Darstellung des Sonnensystems.

Zwolle, Bahnhof, Plus-Minus

Am historischen Bahnhof der niederländischen Stadt Zwolle ist eine ganz normale Bahnhofsuhr angebracht.

Was die Uhr besonders macht, sind die Neonzeichen auf beiden Seiten: + und -. Dabei handelt es sich um ein 1989 installiertes Lichtkunstwerk von Jan van Munster. Mit +/-soll nicht ausgedrückt werden, dass etwa Uhren ungenau und Züge unpünktlich sind. Der Künstler sieht den Bahnhof vielmehr als eine Batterie (**mit den Polen plus/minus**), aus der die Stadt Energie, Leben und Bewegung zieht.

Büsum, Persiluhr

In den 1920er Jahren startete die Firma Henkel für ihre Waschmittelmarke Persil eine sehr erfolgreiche Werbeaktion. Sie schenkte ausgewählten Städten eine Persil-Uhr, auf welcher die Persil-Dame, eine damalige Werbefigur, zu sehen ist. Städte sollten die Uhr in zentraler Lage aufstellen, wo sie für Passanten gut sichtbar ist. In den Nachkriegsjahrzehnten sorgte sich Henkel um Unterhalt und Reparatur der Uhren, so dass sie noch heute in vielen Städten zu sehen sind. Der letzten Persiluhr begegnete ich im August 2022 im Nordseekurort Büsum.

Ankerplatz in Büsum

Verkehrsturm, Berlin, Potsdamer Platz

Auf dem einst sehr verkehrsreichen Potsdamer Platz wurde 1924 ein **Verkehrsturm** mit Uhren und der **ersten Verkehrsampel** Deutschlands aufgestellt. 1937 wurde der Turm aufgrund der Arbeiten für den unterirdischen S-Bahnhof Potsdamer Platz abgebaut. Als nach der Wende der lange brach liegende Potsdamer Platz wieder bebaut wurde, kam es 1997 zu einer Rekonstruktion des Verkehrsturmes mit einer analogen Uhr an jeder Seite. Seltsamerweise zeigen die Uhren am Turm leicht voneinander abweichende Uhrzeiten. Zumindest war das im September 2022 so.

3.4 Historische bedeutsame Uhren

Bologna, Bahnhofsuhr

Bologna ist ein zentraler Eisenbahnknoten in Italien. Hier treffen sich Ost-West und Nord-Südlinien. Am Morgen des 2. August 1980 um 10:25 kam es hier zu einem Bombenanschlag rechtsradikaler Terroristen, der 58 Menschen das Leben kostete. Die Wucht der Explosion war so stark, dass auch die Bahnhofsuhr an der Außenfassade stehenblieb. Bis heute erinnert sie als eine Art Mahnmal an die genaue Uhrzeit des Anschlags. Ende der 90er war ich in Bologna am Bahnhof und traf dort zufällig eine Kollegin, die sich noch an den 2. August 1980 erinnern konnte, weil sie damals um ein Haar im Bahnhof gewesen wäre.

Hauptbahnhof von Bologna

4. Besondere Uhren

4.1 Rekorduhren

Ich habe Verwandte im Kanton Aargau (Schweiz). Komme ich dort mit dem Zug an, fällt mir die riesige Bahnhofsuhr des modernen Aarauer Bahnhofs auf.

Mit einem Durchmesser von 9 Metern ist das die größte Bahnhofsuhr des deutschsprachigen Raumes und die zweitgrößte Bahnhofsuhr Europas. An die Uhr und die entsprechende Schweizer Uhrenobsession muss ich immer denken, wenn es um Rekorduhren geht.

Bahnhofsuhr von Aarau (Schweiz)

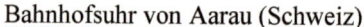

Größte Bahnhofsuhr, Bahnhof Cergy-Saint Christophe

Die Durchmesser der riesigen, auf einem Glaszylinder sitzenden Bahnhofsuhr im Pariser Vorort Cergy-Pontoise beträgt 10 m. Es ist damit die **größte Bahnhofsuhr Europas.** Der Minutenzeiger ist 5,67 m lange und wiegt 145 kg. Ein Schweizer Uhrmacher reist jedes Jahr zweimal an, um die Uhr auf Winter/Sommerzeit umzustellen. Im April 2013 reiste ich dorthin, um mir die Uhr anzuschauen.

Größte Kuckucksuhr, Wiesbaden

Die Kuckucksuhr wurde eigentlich im Schwarzwald erfunden. Dort sind in Touristenorten wie Titisee oder Triberg auch große Kuckucksuhren zu sehen. Die **größte Kuckucksuhr** findet sich jedoch fernab des Schwarzwaldes, im hessischen Wiesbaden. Bei der 1946 aufgestellten Uhr handelt es sich um eine Werbeaktion eines örtlichen Souvenirhändlers. Als im Krieg kaum zerstörte Kurstadt, die in den Nachkriegsjahren im amerikanischen Sektor lag, hatte sich hier schon früh die touristische Nachfrage nach typisch deutschen Souvenirs eingestellt.

Kuckucksuhr, Wiesbaden, Burgstr. 6

Deutschlands größte Kirchturmuhr, Hamburger Michel

Die größte deutsche Turmuhr findet sich am 132 m hohen Michel in Hamburg. Ihr Durchmesser beträgt beachtliche 8 m, dennoch 1 m weniger als die Aarauer Bahnhofsuhr. Der große Zeiger ist 4.9 m lang und wiegt 130 kg. Das Uhrwerk stammt aus dem Jahre 1911 und wurde in Straßburg hergestellt.
In alten Hafenstädten findet man oft große, vom Wasser sichtbare Kirchtürme. Diese waren im Mittelalter und der frühen Neuzeit wichtige Orientierungspunkte der Navigation, da nautische Geräte fehlten oder sehr einfach waren und die Schifffahrt auf optischen Kontakt zur Küste angewiesen war.

4.2 Friedensuhren

Europäische Friedensuhr, Minden, Scharn

Im westfälischen Minden zeigt eine Friedensuhr die Jahre, Monate und Tage des Friedens zwischen EU-Ländern (gerechnet seit Ende des Zweiten Weltkriegs). Anfang 2022 zeigte sie über 76 Jahre Frieden. Mit dem Beginn des russischen Angriffskrieges auf die Ukraine am 24. Februar 2022 wurde die Uhr mit einer ukrainischen Flagge verhängt. Sie lief dennoch weiter und die Zahlen waren durch den Stoff zu sehen. Schließlich wurde beschlossen, sie mit einer ukrainischen Flagge blickdicht zu verhüllen. Zu hoffen ist, dass der Krieg in absehbarer Zeit zu Ende geht und die Uhr damit wieder enthüllt werden kann.

Minden, Scharn 2

5. Pegeluhren

Mit dem Klimawandel und der größeren Häufigkeit von Extrem-
ereignissen wie Dürre und Hochwasser sind Pegeluhren noch
interessanter geworden. Im Spätsommer 2022 war der Rheinpegel
in den meisten Städten sehr niedrig, die Uhren zeigten Werte knapp
über Null. Der historische Pegelturm am Rheinufer der Altstadt
von Düsseldorf, errichtet im Jahre 1902 im Jugendstil, zeigte seit
August 2022 einen Pegel von 0. Das war jedoch kein Messwert, die
Uhr war einfach kaputt. Die Reparatur der historischen Spezialan-
fertigung ist zeitaufwendig und teuer. Vom Uhrturm geht ein
Schacht zum Flussbett hinunter und das Prinzip der
kommunizierenden Röhren sorgt dafür, dass der Wasserstand des
Pegelrohres so hoch ist wie der des Rheins. Die Zeiger der Uhr
werden über einen Schwimmer im Pegelrohr gesteuert.

Pegeluhr Düsseldorf, Rheinpromenade Altstadt

Pegel Konstanz (Bodensee)

Der Bodensee hat eine maximale Tiefe von 251 m und eine mittlere Tiefe von 90 m. Als alpennaher tiefer See, der auch vom Schmelzwasser von Gletschern gespeist wird, wird er deshalb nie austrocknen. Die Trockenheit des Sommers 2022 hat jedoch auch hier für recht niedrige Pegelstände gesorgt. **Der Pegel Konstanz** zeigte Mitte August 2022 nur 3.04 m (Bild). Eine Tafel am Pegelturm informiert, dass der Pegel hier seit 18.07.1816 gemessen wird und es damit der älteste Pegel in Baden-Württemberg ist: Der Bodensee liegt 395.2 m über dem Meeresspiegel, der Pegelnullpunkt für Konstanz bei 391.9 m. Der mittlere Pegel liegt dort bei 3.5 m, der höchste je gemessene Pegel bei 5.9 m, der niedrigste bei 2.3 m.

Pegel Köln, Rheinufer

Die Kölner Innenstadt wurde im 2. Weltkrieg stark zerstört und ist durch Nachkriegsbauten geprägt. Auch das 1901 erbaute **Pegelhaus** fiel einem Luftangriff im Juni 1943 zum Opfer. Im November 1951 wurde ein neues Pegelhaus im schlichten Stil der Zeit eröffnet. Um Negativwerte bei Niedrigwasser zu vermeiden, wurde im November 1979 der Nullpunkt des Pegels (Rhein-km 688) um einen Meter auf ca. 35 m über NN gesenkt. Im Oktober 2018 wurde ein Niedrigwasserrekord von 68 cm erreicht. Ohne die Nullpunktanpassung wäre ein negativer Wert gewesen.

Als ich den Pegel im Juli 2022 besuchte, herrschte wieder Niedrigwasser, der Pegel lag bei einem Meter und 10 Zentimetern und fiel in den folgenden Tagen noch weiter.

Pegeluhr Emmerich

Emmerich am Niederrhein ist der **letzte deutsche Pegel am Rhein**. Mitte August 2022 lag der Pegel sogar im Minusbereich. Das heißt aber nicht, dass im Rhein kein Wasser ist Als ich kurz darauf Emmerich besuchte hatte es gerade ein bisschen geregnet und der Pegel lag wieder leicht im Plus, bei ca. 14 Zentimetern (der kleine Zeiger zeigt die Meter, der große Zeiger die Dekameter an).

Rheinpromenade Emmerich

Pegel Magdeburg

Die Elbe ist ein Fluss mit chronisch niedrigen Wasserständen. Andererseits treten auch immer wieder gefährliche Hochwasser auf, unter denen in den letzten Jahrzehnten vor allem Dresden gelitten hat. Im Sommer 2022 waren die Wasserstände eher niedrig. Die im tschechischen Abschnitt zu findenden Hunger- steine als Niedrigwasserindikatoren traten wieder zu Tage.
In Magdeburg hatte Greenpeace in die Elbe unterhalb des Domfelsens im Jahr 2018 einen Stein mit der Aufschrift **'Wenn du mich siehst, ist Klimawandel'** platziert. Als ich diesen Stein bei Niedrigwasser und einem Pegelstand von 103 cm suchte, war er jedoch nicht mehr zu finden.

Digitale Pegeluhr am Elbufer in Magdeburg

Pegel Hamburg, Landungsbrücken

Der **Pegelturm** aus Naturstein an den Hamburger **Landungsbrücken** zeigt durch ein analoges Zifferblatt die Zeit an und darunter in Zahlen den Pegelstand bezogen auf Seekartennull in Dezimetern (zieht man davon 1.9 Meter ab, ergibt sich das NormalHöhenNull, NHN). Als Ich Ende August 2022 dort war, zeigte er also 3.9 Meter an (Sturmfluten beginnen ab 5.5 m). Liegt der Pegelstand unter null, wird das mit roten Ziffern angezeigt.

Minden, Pegelschlange auf der Weserinsel

Minden liegt an Weser und Mittellandkanal und beide Gewässer bilden hier ein Wassertraßenkreuz. Im stadtnahen Weserüberschwemmungsgebiet, der Stadtblänke, findet sich seit Anfang 2022 ein Kunstwerk, die sogenannte **Pegelschlange.** Diese zeigt ein Pegelmessband, welches sich 11 m hoch in den Himmel windet. In 5 m Höhe zeigt eine rote Marke den Höchststand der Weser an.

6. Hochwasser- und Sturmflutmarken

Durch den Klimawandel scheint das Hochwasserrisiko allgemein zu steigen. Andererseits bereiten sich vor allem große Städte mit baulichen Maßnahmen tendenziell besser auf **Hochwasser** vor. Ähnliches gilt für **Sturmfluten** und Küstenorte. In Düsseldorf ist die Altstadt beispielsweise recht hoch gelegen und durch Mauern geschützt, während der Rhein auf der anderen Flussseite breite Auengebiete hat, wo sich das Wasser verteilen kann. In Berlin kommt Hochwasser heute eigentlich kaum vor. Bei Niedrigwasser fließt die Spree manchmal sogar rückwärts. Kaum von Hochwasser betroffen sind Städte wie Hannover und Stuttgart. Stärker gefährdet sind an großen Flüssen gelegene Städte wie Köln und Dresden.

Pegel Lange Brücke Potsdam

Frankfurt, Eiserner Steg

In Frankfurt ist der stadtseitige Treppenaufgang zum Eisernen Steg voller Hochwassermarken. Als Jahr des schlimmsten Hochwassers ist hier 1342 markiert. Ein weiteres schlimmes Hochwasser ereignete sich 1632. In neuerer Zeit scheint Frankfurt eher wenig von Main-Hochwassern betroffen zu sein. Die jüngste Marke ist aus dem Jahr 1970 und relativ weit unten angebracht.

Zwischen den Marken die Inschrift: **Vom Eise befreit sind Strom und Bäche.**

Heidelberg, Alte Brücke

An der 1788 erbauten Alten Brücke (Karl-Theodor-Brücke) in der Altstadt von Heidelberg zeigt eine Marke für den 27. Februar 1784, den bisher höchsten gemessenen Hochwasserstand von ca. 3.1 m über dem Niveau der Straße unter der Brücke an. Die drei nachfolgenden Marken stammen aus den Jahren 1824, 1789 und 1817. Die jüngste Hochwassermarke stammt vom Dezember 1993 und zeigt ein Niveau von 1.9 m.

Wertheim, Altstadt

Die **Altstadt von Wertheim** liegt am Zusammenfluss von Main und Tauber und ist deshalb besonders hochwasserbedroht. An einem Haus in der Altstadt zeigen Hochwassermarken, dass die Stadt besonders im 19. Jahrhundert häufig überschwemmt war. Aber auch heute treten in der Stadt häufig Hochwasser auf, welche allerdings selten Rekordhöhen erreichen. Die jüngste Marke stammt aus dem Jahr 1995 und ist recht weit unten zu sehen.

47

Sturmflutmarken, Husum

Am Husumer Binnenhafen, der Husumer Au, ist am Ende des Hafenbeckens ein Holzpfahl angebracht, welcher **Sturmflutmarken** aus Messing zeigt. Die schlimmste Sturmflut wird für den Januar 1976 gezeigt, ein Wasserspiegel von 5.6 m über NormalNull wurde erreicht. Im Februar 1962 brach eine schlimme Sturmflut über Norddeutschland herein. Allein in Hamburg starben über 300 Menschen. Der damalige Hamburger Polizeisenator und spätere Kanzler Helmut Schmidt erwies sich in seiner Heimatstadt als kompetenter Krisenmanager. Diese Sturmflut ist in Husum als zweithöchste markiert.

7. Entfernungen

Fernstraßen sind voller Schilder mit **Entfernungsangaben**. In städtischen Straßen sind diese schon seltener, aber noch recht häufig. Eine Besonderheit in Deutschland sind **Berlinsteine**, die einen Bären und die Entfernung zur deutschen Hauptstadt zeigen. Beispiele werden in diesem Kapitel gezeigt.

Schilder mit **Flusskilometern** finden sich nur an großen Flüssen. In Städten findet man wenige davon und manchmal sind sie nur vom Schiff aus zu sehen.

Rhein-km 0 in Konstanz.

7.1 Allgemeine Entfernungen

Norderney, Mainstr.

In manchen Städten findet man **Entfernungsangaben**, welche sich auf Partnerstädte beziehen. Es gibt aber auch Beispiele fast scherzhaft aufgeführter, weit entfernter Ziele. Auf Norderney findet sich an einer Kreuzung ein Wegweiser: London 540 km, Island 3300 km, Rio 10 000. Genau genommen sind es 9790 km nach Rio de Janeiro, aber man will ja nicht so kleinlich sein.

Mainstr. Norderney

7.2 Flusskilometer

Donau-Quelle Furtwangen und Donaueschingen

Verschiedene Orte reklamieren die **Donauquelle** für sich. In **Donaueschingen**, wo Brigach und Breg zusammenfließen, gilt eine Quelle im Schlosspark als symbolische und sehr fotogene Donauquelle. Weil die Breg der längere der beiden Zuflüsse ist, gilt die Bregquelle vielen als eigentliche Donauquelle. Sie ist entsprechend markiert, sogar mit einer Symbolfigur. Unlogischerweise ist das ein Mann, obwohl es die Quelle, die Breg und die Donau heißt.

Bregquelle (Furtwangen) und Donauquelle (Donaueschingen)

Konstanz, Rhein-km 0

Die Rheinkilometrierung beginnt an der Alten Rheinbrücke in
Konstanz. Dort ist auf beiden Seiten der Rhein-km 0 zu sehen. Seit
April 1939 ist der Rhein von dort aus durchgehend kilometriert.
Bis zur holländischen Grenze ist jeder Kilometer mit schwarzer
Schrift auf weißer Tafel markiert. In den Niederlanden ist es eine
weiße Schrift auf schwarzer Tafel. Bei Emmerich am Niederrhein
wird mit 857 der höchste deutsche Kilometerwert erreicht.

Duisburg-Meiderich, U-Bahnstation

In der **U-Bahnstation Meiderich** in Duisburg sind an den Wänden Fotos wichtiger Rheinbrücken zu sehen. In den Bahnsteigfliesenboden sind entsprechende Rheinkilometrierungspunkte eingelassen, sogar mit zwei Kommastellen. Die Rheinbrücke bei Emmerich erstreckt sich bei Rhein-km 853, wenige km später ist die niederländische Grenze erreicht.

7.3 Berliner Meilensteine

Auf Anregung des CDU-Politikers Gerd Bucerius ordnete der damalige Verkehrsminister Hans-Christoph Seebohm 1953 die Aufstellung von **Berlin-Meilensteinen** an, um in Westdeutschland die Erinnerung an Berlin aufrecht zu erhalten. Diese sollten auf der Vorderseite den Berliner Bären zeigen sowie die Entfernung nach Berlin.

Das Standardmodell enthielt ein von der Berliner Bildhauerin Renée Sintenis (1888-1965) entworfener Umriss des Berliner Bärs. Allerdings gab es zahlreiche Varianten. Als ich Anfang September 2022 in Plön weilte, fiel mir auf, dass es dort am Bahnhof einen Berliner Platz gab und dort war dann auch ein Meilenstein zu finden, ein Findling mit Berliner Bären und der Entfernungsangabe 354 km.

Berlinstein am Bahnhof von Plön (Schleswig-Holstein)

Bonn; Berliner Freiheit

Bonn war von 1949-1973 provisorischer Regierungssitz, dann bis 1990 Bundeshauptstadt und bis zum Berlin-Umzug 1999 wieder Regierungssitz. Natürlich war es auch in Bonn wichtig, an Berlin zu erinnern. An der nördlichen Zufahrt (Sandkaule) zur **Berliner Freiheit** steht das von Renée Sintenis entworfene Standardmodell des Berliner Meilensteines, mit einem niedlichen jungen Bären. Die Entfernung nach Berlin beträgt von hier 570 km.

Hagen, Bahnhofsplatz

Auf dem **Berliner Platz** vor dem Hauptbahnhof von **Hagen** ist eine spezielle Variante des Berlinsteins zu sehen. Eine Mauer, welche an den Arbeiteraufstand von 1953, den Bau der Mauer 1961 sowie an den Mauerfall des Jahres 1989 erinnert. Die Entfernung nach Berlin wird mit genau 500 km angegeben.

8. Höchste und tiefste Punkte

Ich habe bereits die höchsten Erhebungen aller 16 Bundesländer besucht. Die **niedrigste höchste** natürliche Erhebung liegt in Bremen, im Friedehorstpark im Nordwesten der Stadt. Allerdings ist die 32.5 m hohe Erhebung nicht markiert. Gipfelsammler haben im März 2020 schließlich ein Gipfelkreuz mit der Höhenangabe aufgestellt. Einen Namen bekam die Erhebung auch: 'Keinberg'.
Als ich den Friedehorstpark Anfang September 2022 besuchte, war das Gipfelkreuz jedoch wieder verschwunden. Am selben Tag gelang mir jedoch noch der Besuch des tiefsten Punktes Deutschlands in der Wilstermarsch in Schleswig-Holstein und dieser war auch ordentlich markiert.

Nicht markierte höchste Erhebung Bremens im Friedehorstpark, Höchste Erhebung von: Rheinland-Pfalz (Erbeskopf 816 m), Hessen (Wasserkuppe 950 m), Saarland (Dollberg 695m), Luxemburg: (Kneiff 560 m).

8.1 Höchste Punkte

Höchste natürliche Erhebung Kölns

Im November 1999 wanderten mehrere Mitarbeiter der Stadtverwaltung Köln im Königsforst und setzten an der höchsten Stelle, **höchste Erhebung der Stadt Köln**, ein provisorisches Gipfelkreuz. Das Gelände steigt zwar noch weiter an, aber die höher gelegenen Gebiete gehören bereits zu Bergisch Gladbach. Nach einer Vermessung im Jahre 2000, wurde eine Höhe von 118,04 m festgestellt. Später wurde das Kreuz durch einen Findling mit einer Tafel ersetzt. Nach den Nachnamen der drei Entdecker (Troost, Dedden, Löhmer) erhielt der Berg den Namen Troodelöh. Dies ignorierte jedoch den vierten Entdecker Rainer Buttkereit. Nach seinem Tod im Februar 2019 wurde eine weitere, kleine Gedenktafel angebracht: **'In Erinnerung an den Entdecker des Monte Troodelöh Rainer Buttkereit 'Sherpa Longway' ✝ 2019'.**

Höchster Punkt Hamburgs, Hasselbrack

Anders als der höchste Punkt Bremens ist der höchste Punkt Hamburgs, der im Süden der Stadt an der Grenze zu Niedersachsen gelegene **Hasselbrack**, deutlich markiert. Ein Findling gibt die Höhe mit 116 m an und daneben steht noch ein Gipfelkreuz. Damit wird der höchste natürliche Punkt Berlins, der Große Müggelberg (115 m) um 1 m übertroffen. Hamburg hat damit den höchsten natürlichen Punkt der drei Stadtstaaten.

Höchster Punkt der Niederlande, Dreiländereck

Die Niederlande gelten, wie der Name bereits sagt, als ein tief gelegenes, flaches Land ohne nennenswerte Erhebungen. Der höchste Punkt einiger europäischer Länder, so etwa Malta, Lettland und Dänemark liegt jedoch tiefer als der höchste Punkt der Niederlande, der immerhin 323 m erreicht. Dieser ist zugleich ein **Dreiländerpunkt** (Drielandenpunt), wo Deutschland, die Niederlande und Belgien zusammentreffen. Er liegt am **Dreiländereck** in der Nähe von Aachen.

Höhenmarkierungen, Landau an der Isar

In der niederbayerischen Stadt Landau liegt die Altstadt hoch über der Isar, weshalb Landau auch *Bergstadt* genannt wird. Die Untere Stadt liegt 50 m tiefer an den Ufern der Isar. Im Frühjahr 2022 marschierte ich vom in der Ebene liegenden Bahnhof hoch in die Altstadt. Im **Pflaster der Altstadt** war auf dem Weg nach oben jeder gewonnene **Höhenmeter** markiert. Als ich auf 382 m angekommen war, fehlten nur noch 8 m bis zum höchsten Punkt (390 m). Ein mit Höhenmetern markierter Bürgersteig ist eine interessante Idee, die man viel zu selten in Städten verwirklicht sieht.

Höhenmarkierung im Pflaster der Altstadt von Landau (Isar)

8.2 Tiefste Punkte

Die **tiefste Landstelle Deutschlands** liegt in der Gemeinde Neu-endorf-Sachsenbande in der Wilster Marsch im Westen Schleswig-Holsteins. Ein Pfahl zeigt die Stelle an und gibt die Höhe über NN mit -3.54 m an, also über 3 m unter dem Meeresspiegel.

Tiefste Landstelle, Wilster Marsch

9. Verkehr und Umwelt

Es gibt eine lange Tradition von **Zählungen im Verkehrsbereich**, welche in der Informationsgesellschaft mit zusätzlichen Sensoren und Messstellen weiter ausgebaut wurde. Viele Ergebnisse dienen der Verkehrssteuerung und -planung, jedoch ist nur ein Teil im Internet für die Allgemeinheit abrufbar. Noch seltener sind Messergebnisse im Verkehrsraum direkt abzulesen. Eine Ausnahme sind dabei **Fahrradzählgeräte**. Deren Intention ist es ja auch, Fahrradfahrer zu ermutigen, zu zeigen, dass sie nicht alleine sind und dass jede Fahrt zählt. Brüssel war noch Anfang der 1990er Jahre alles andere als eine Fahrradstadt. Doch selbst dort stieg der Fahrradverkehrsanteil von etwa 1% auf über 5%, unterstützt durch den Ausbau der Radwege. Sogar etliche Fahrradzählgeräte, die es einst nur in Kopenhagen gab, sind mittlerweile in der Stadt installiert worden, so an der Rue de la Loi im Europaviertel, einst eine unwirtliche Autoschneise mit sehr schmalem Bürgersteig, heute auf jeder Seite mit Radwegen versehen.

Fahrradzählgerät an der Rue de la Loi in Brüssel

9.1 Fahrradzähler

Fahrradzähler Rue de la Couronne, Brüssel

Lange arbeitete ich in Brüssel und auf dem Weg zur Arbeit war in den letzten Jahren ein **Fahrradzählgerät** installiert worden (mittlerweile an eine andere Straße versetzt). Im Herbst 2018 wollte ich Radfahrer Nr. 100 000 sein, der das Zählgerät passiert. Doch leider verpasste ich den Wert knapp. Im Dezember desselben Jahres gelang es mir jedoch, als Radfahrer 111 111 die Stelle zu passieren. Ich merkte allerdings auch, dass die Induktionsschleife nicht perfekt funktionierte und nicht jedes Überfahren gezählt wird.

Avenue de la Couronne, Brüssel

Fahrradbarometer Berlin, Straße des 17. Juni

Berlin hat einen für eine Millionenstadt hohen Radverkehrsanteil von 15% (aller Fahrten). In Berlin gibt es heute 19 **Fahrradzähl-geräte**. Eines steht an der Straße des 17. Juni am Eingang der TU Berlin. Als ich an einem regnerischen Sonntagmittag Mitte September 2022 auf den **Fahrradbarometer** schaute, hatten an dem Tag erst 347 Radler die Stelle passiert, der Jahreswert lag jedoch bei über 0,6 Millionen.

Straße des 17. Juni, Berlin

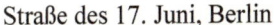

Fahrradparkhaus Utrecht, Hauptbahnhof Utrecht

Die Niederlande sind der europäische Pionier der Fahrradstationen an Bahnhöfen. Fast jeder größere Bahnhof im Land hat eine bewachte Fahrradparkgarage. In den letzten 25 Jahren sind besonders in Deutschland und Belgien ebenfalls größere Fahrradstationen an Bahnhöfen errichtet worden.

Utrecht ist der zentrale Eisenbahnknotenpunkt der Niederlande. In den letzten Jahren wurde der Bahnhof modernisiert und bis 2019 auch die **Fahrradstation** für 30 Millionen Euro um 5000 Stellplätze erweitert. Mit über 12000 Stellplätzen besitzt Utrecht damit heute die größte Fahrradstation der Welt. Der vom Bahnhofsplatz zugängliche Teil der Station hat bereits eine Kapazität von über 5000 Fahrrädern, wie das Bild unten zeigt.

9.2 Umwelt

Umweltrelevante Messungen gibt es viele. Jedoch werden entsprechende Ergebnisse eher selten öffentlich gezeigt. Manche Displays sind auch schon wieder verschwunden. Mit dem Konkurs von **Solarworld** in Bonn ist auch ein entsprechendes Display an der **Kennedybrücke** in Bonn abgeschaltet worden. Am Gasometer in Berlin-Schöneberg ist die nachts rot leuchtende EUREF CO_2-Count down Uhr auch nicht mehr zu sehen.

Display an der Kennedybrücke in Bonn

DB-Bahnhof Horrem

Der **DB-Bahnhof Horrem** bei Köln wurde bis 2014 zum ersten **Umweltbahnhof** bzw. **Grünen Bahnhof** der DB umgebaut. Regenwasser wird genutzt und das Flachdach ist mit Photovoltaik ausgestattet. Im Warteraum zeigt ein elektronisches Display die Leistung der Photovoltaik dieses klimafreundlichen Bahnhofs: die aktuelle Leistung (Watt), den Tagesertrag und den Gesamtertrag (in kWh).

Luftwürfel, Offenbach, Wetterpark

In Offenbach am Main sitzt der Deutsche Wetterdienst. Zusammen mit der Stadt Offenbach wurde im Jahre 2005 in einem Park im Süden der Stadt der **Wetterpark Offenbach** eröffnet. Dort finden sich etliche wetterrelevante Messgeräte und Installationen. Ein **3m x 3m x 3m-Würfel** mit orangefarbenen Kanten fällt dabei auf. Er umfasst 27 m³ Luft. Ein Metallgewicht neben dem Würfel gibt dessen Gewicht an: 27 kg. Ein m³ Luft wiegt also 1 kg, 1 Liter Luft 1 g. Die Dichte der Luft und ihr Gewicht nehmen mit der Höhe über dem Meeresspiegel und der Temperatur ab, mit wachsendem Luftdruck zu. Offenbach liegt etwa 100 m über dem Meeresspiegel (über NN).

Hungerstein von Gernrode

Interessante Zahlen zu den **Getreidepreisen** und damit indirekt zur Landwirtschaft und zur Umwelt zeigt der Hungerstein von Gernrode. Er ruft die Bevölkerung zum Sparen auf, denn im Jahre 1847 waren die Getreidepreise sehr hoch. Am teuersten mit 6 Reichstaler pro Scheffel war der Weizen, gefolgt vom Roggen , der Gerste und dem deutlich preiswerteren Hafer.

Standort: Suderöder Str.

10. Besucherzahlen

Schautafeln, welche laufend **aktualisierte Besucherzahlen** zeigen, gibt es leider nur wenige. Eine interessante Ausnahme ist das Eisenbahnmodellparadies Miniatur-Wunderland in Hamburg. Es zeigt die Besucherzahlen für jedes Herkunftsland.

Eingangsbereich Miniatur-Wunderland Hamburg

Besucherstatistik, Miniatur Wunderland Hamburg

Die **Statistik** der Herkunftsländer der Besucher der Miniatur **Wunderland Modelleisenbahnlandschaft** in Hamburg fasziniert, weil alle deutschen Bundesländer und alle Länder der Welt mit laufend aktualisierten Zahlen präsentiert werden. Bis Ende Januar 2022 waren es beispielsweise fast 2.3 Millionen Besucher aus Hamburg, 370 000 aus Dänemark aber nur 24 Besucher aus Tuvalu. Aus allen Ländern scheinen bisher Besucher gekommen zu sein, sogar aus Nordkorea und dem Vatikan. Außerirdische Besucher scheint es jedoch noch keine gegeben zu haben. Die Besucherzahl vom Mars wird in roter Ziffer mit 0 angegeben.

Hamburg, Speicherstadt, Kehrwieder 2

Hamburg 2.287.842	Schleswig-Holstein 1.705.383	Mecklenburg-Vorp. 352.078	Berlin 47...
Saxony 553.165	Saxony-Anhalt 272.884	Thuringia 232.467	Rhineland-Pa... 536
Afghanistan 1.646	Albania 1.040	Algeria 486	Andorr... 1...
Austria 452.424	Azerbaijan 743	Bahamas 143	Bahrain 7...
Benin 101	Bhutan 55	Bolivia 1.118	Bosnia-Herze... 76
Burma / Myanmar 59	Burundi 19	Cambodia 118	Cameroon 24
China 99.599	Colombia 8.518	Comoros 42	Congo, Democr... 34
Cyprus 927	Czechia 21.532	Denmark 370.958	Djibouti ...
Equatorial Guinea 42	Eritrea 333	Estonia 4.233	Eswatini/Swazi 60
Gambia 72	Georgia 1.049	Ghana 432	Greece 12.35...
Haiti 95	Honduras 421	Hungary 12.431	Iceland 2.16...
Israel 13.430	Italy 82.263	Jamaica 140	Japan 40.69...
Korea, South 17.602	Kosovo 237	Kuwait 2.075	Kyrgyzstan 326
Libya 545	Liechtenstein 2.390	Lithuania 8.527	Luxembourg 34.597
Mali 73	Malta 974	Mars 0	Marshall Islands 41
Monaco 111	Mongolia 302	Montenegro 226	Morocco 908
New Zealand 10.032	Nicaragua 309	Niger 21	Nigeria 464
Panama 846	Papua New Guinea 58	Paraguay 914	Peru 3.303
Russia 85.911	Rwanda 38	Saint Kitts and Nevis 19	Saint Lucia 37
Serbia 3.338	Seychelles 58	Sierra Leone 48	Singapore 8.932
Spain 88.568	Sri Lanka 629	St. Vincent + Grenadines 13	Sudan ...
Taiwan 13.280	Tajikistan 138	Tanzania 324	Thailand 6.485
Turkey 22.474	Turkmenistan 37	Tuvalu 24	Uganda 160
Uzbekistan 344	Vanuatu 25	Vatican City 19	Venezuela 2.727

11. Kunstwerke

Zahl Pi im Van Bommel Museum, Venlo

Im Foyer des **Museums van Bommel van Dam** in Venlo ist eine Kugel ausgestellt, auf der spiralförmig die Ziffern der Zahl Pi zu sehen sind, gestaltet aus alten schwarz-gelben holländischen Kfz-Kennzeichen

Venlo, Museum van Bommel van Dam

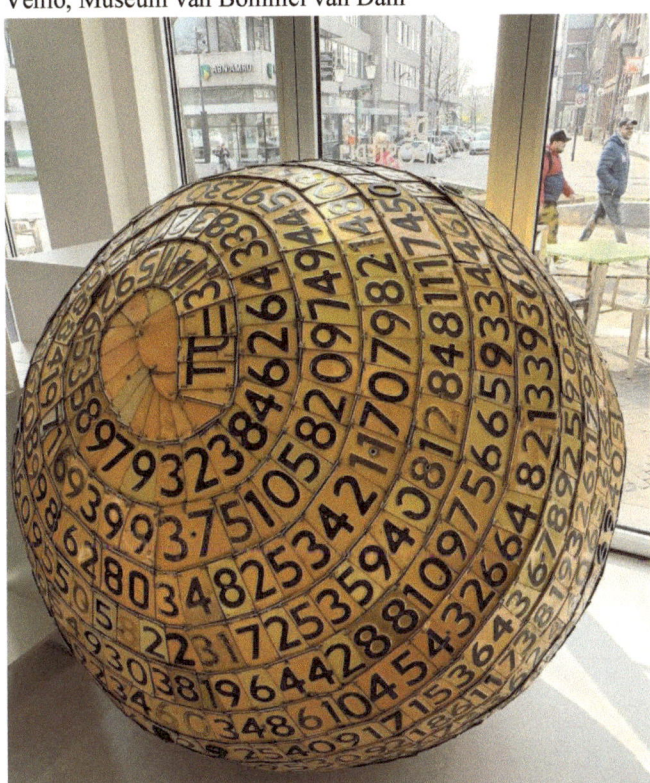

Medieninstallation Pi, Wien, Karlsplatzpassage

In der Westpassage der U-Bahnstation Karlsplatz (Gang zur Kärnt-nertorpassage) ist die **Medieninstallation Pi** des kanadischen Künstlers Ken Lum (*1956) zu sehen. Neben der Zahl Pi werden durch Leuchtioden auf spiegelnden Vitrinen 16 interessante bzw. absurde statistische Daten zu Wien gezeigt.

Museum Modern Art, Hünfeld

Am Hünfeld **Museum Modern Art** ist die Zahl **5317** in Metall auf einem Kiesbett zu sehen. Gestaltet wurde sie vom deutschen Künstler Ronny Korn. Liest man sie auf den Kopf gestellt ergibt sich das deutsche Wort **Lies**, bzw. das englische Wort **lies** (liegt, Lügen).

12. Spezielle Zahlen

Manche Zahlen haben eine bestimmte Bedeutung für eine bestimmte Stadt oder Bevölkerungsgruppe und werden deshalb nicht von jedem als Code verstanden. Ein paar Beispiele sollen hier aufgeführt werden. Die Zahl **42** bezieht sich auf Douglas Adams´ Buch *The Hitchhikers Guide to the Galaxy* (siehe entsprechende Seite). **1312** bezieht sich auf die Buchstabenreihenfolge im Alphabet, steht also für ACAB und damit den anarchistischen Spruch *All cops are bastards*. Entsprechend steht **161** für AFA oder *Antifaschistische Aktion*. Für das Buch hatte ich die 1312 in Großstädten gesucht, jedoch an einer Kleinstadtwand gefunden.

Zahlen an Fassaden in Rendsburg, Isny und Aachen.

Zahl 05 am Stephansdom, Wien

Am Hauptportal des Wiener Stephansdoms sind die in die Fassade geritzten Zahlen **05** zu sehen, geschützt von einer Plexiglastafel. Am Boden erklärt eine Platte, um was es hier geht:

05 war das Geheimsymbol des österreichischen Widerstandes gegen das Nationalsozialistische Schreckensregime 1938-45. Diese Mahntafel wurde zum Andenken an die ermordeten Widerstandkämpfer der öst. Widerstandsbewegung unter Präs. Prof. Norbert-Macheiner im Okt.2000 errichtet
AEIOU Allen Ernstes ist Oesterreich unersetzlich

Die Null in der Zahl ist eigentlich eher ein O und 5 steht für den fünften Buchstaben im Alphabet, also ein E; zusammen OE, was für Österreich steht.

77

Haus 4711 in Köln, Glockengasse 4

Als Köln gegen Ende des 18. Jahrhunderts von der französischen Revolutionsarmee besetzt wurde, führten die Franzosen eine bis dahin nicht bestehende Nummerierung der Häuser, durchlaufend durch die ganze Stadt, ein. Wilhelm Mülhens Produktionsstätte von **Kölnisch Wasser** (heute Glockengasse 4) bekam die Nummer **4711**. Diese Zahl wurde schließlich zu einer Marke.

Zahl 42 in Brüssel, Avenue de la Couronne 42

In Douglas Adams Buch **The Hitchhikers Guide tot he Galaxy**
aus dem Jahre 1979, ist die Zahl 42
The ultimative answer to life, the universe and everything.
Allerdings kannte selbst der Autor nicht die dazu gehörende Frage.
Von dem Buch wurden weltweit bisher 15 Millionen Exemplare
verkauft. Das Buch und damit auch die **Zahl 42** haben Kultstatus.
Lange habe ich in Ixelles (Brüssel) gewohnt. Dort war die Zahl 42
auffällig oft an Fassaden gesprüht zu sehen. Allerdings auch an ei-
nem Gebäude, dessen Hausnummer die 42 war. Ob es hier eine
Konzentration von Douglas Adams-Fans gibt, ist nicht bekannt. Im
August 2022 sah ich die 42 auch auf einer Fassade in Rendsburg
(Schleswig-Holstein).

Avenue de la Couronne 42 (Brüssel-Ixelles).

SO 36, Berlin-Kreuzberg

36 brennt, 61 pennt, hieß es früher. Vor der Wiedervereinigung und der Einführung fünfstelliger Postleitzahlen war **S0 36** ein Postzustellbezirk im trendigen Teil Kreuzbergs auf beiden Seiten der Oranienstraße. Der Postzustellbezirk (SW) 61 im Westen Kreuzbergs war dagegen bürgerlicher und ruhiger. **SO 36** war bis 1989 ein Sammelbecken von Punks, Anarchos und Bohemiens und ein Sehnsuchtsort junger, alternativer Menschen der westdeutschen Provinz. Heute weckt er nostalgische Gefühle bei reiferen, damals jungen Generationen. In der Oranienstraße nennt sich bis heute ein Musikclub **SO 36**.

Music-Club in der Oranienstr. 190

13. Krieg

Denkmäler zum 2. Weltkrieg gibt es viele. Weniger oft sind darauf Zahlen zu finden, etwa zu den Kriegsverlusten. Denkmäler zum Ersten Weltkrieg sind ebenfalls zahlreich. In kleineren Orten listen sie oft an einem zentralen Platz die Namen der Gefallenen auf. Seltener sind dagegen Denkmäler mit statistischen Daten zu Kriegen. In diesem Kapitel wird zum Dreißigjährigen Krieg, zum 1. Weltkrieg, zum 2. Weltkrieg und zur Nachkriegszeit jeweils eine Tafel bzw. ein Denkmal gezeigt, welches quantitative Informationen enthält.

Die erste Kriegskatastrophe, welche Deutschland verheert hat, war der **Dreißigjährige Krieg** (1618-1648). In den Städten Münster und Osnabrück wurde der Frieden geschlossen. Beide nennen sich deshalb Friedensstadt. In Osnabrück ist auf dem Türgriff des Rathauses eine Friedenstaube zu sehen und das Friedensjahr 1648 zu lesen.

Türklinke am Rathaus Osnabrück

Infoklappe zum Dreißigjährigen Krieg, Friedberg,

Der Aichacher Künstler Herbert Kretschmer hat mit seinem Projekt **Gedächtnis der Mauer** als Beitrag zum Skulpturenpfad 2002 an der Stadtmauer von Friedberg bei Augsburg **14 Klappen mit Texten** zu **Schlüsseldaten der Friedberger Geschichte** anbringen lassen. Wenn man eine Klappe öffnet, findet man einen Text zu einem wichtigen Jahr in der Geschichte der Stadt. Im Dreißigjährigen Krieg fand 1632 das Schwedenmassaker statt, bei welchem fast alle der 800 Einwohner der Stadt getötet wurden. 1688, 40 Jahre nach Ende des Krieges, lebten erst wieder 200 Menschen in der Stadt. Der Klappentext zeigt seltsamerweise das Jahr 1604, obwohl das Jahr 1632 zum Text besser passen würde.

Klappe an der Stadtmauer von Friedberg

Denkmal 1. Weltkrieg (Barlachstele), Hamburg

An der Schleusenbrücke, unweit des Hamburger Rathauses steht diese 21 m hohe steinerne Stele, aufgestellt 1931, entworfen von Klaus Hofmann und auf einer Seite mit einem Ernst Barlach-Relief versehen, deshalb auch **Barlachstele** genannt. Auf der Rathausseite ist zu lesen, dass vierzigtausend Söhne der Stadt 1914-18 ihr Leben ließen. Hamburg hatte kurz vor dem 1. Weltkrieg erst die 1 Millionen-Einwohnerschwelle erreicht. Als ich die Säule sah, war ich erstaunt, dass mehr als jeder zehnte erwachsene Mann bereits im Ersten Weltkrieg sein Leben verloren hatte. Im Zweiten Weltkrieg sollte es noch schlimmer werden.

Kriegsdenkmal, Schleusenbrücke an der Binnenalster

Bodenplatte 2. Weltkrieg, Koblenz Fußgängerzone

Die Stadt Koblenz (114 000 Einwohner) ist im 2. Weltkrieg stark zerstört worden. Eine **Bodenplatte** auf dem Münzplatz in der Altstadt gibt beeindruckende Zahlen zur Zerstörung und zum Wiederaufbau wieder. Die Bodenplatte wurde vom Koblenzer Maler **Heinz Kassung** (1935-2013), der den 2. Weltkrieg noch erlebte, gestaltet.

Unklar ist jedoch, ob man sie heute so verlegen würde, da Deutschland fast zu sehr als Kriegsopfer dargestellt wird und die Angaben so fehlinterpretiert werden können.

Koblenz, Münzplatz

Liste der Hilfsgüter aus Albany, Nijmegen, Waalkade

Eine Tafel an der Walkaade am Ufer des Waal-Flusses in Nijmegen zeigt eine Liste der Gegenstände der ersten Lieferung von Hilfsgütern, welche nach dem 2. Weltkrieg von den Bürgern der US-Stadt Albany (NY) den Einwohnern Nijmegens gespendet wurden. Darunter sind zum Beispiel 1228 Herrenanzüge, 978 Herrenhosen, 8710 Frauenkleider und 14990 Lebensmittelpakete.

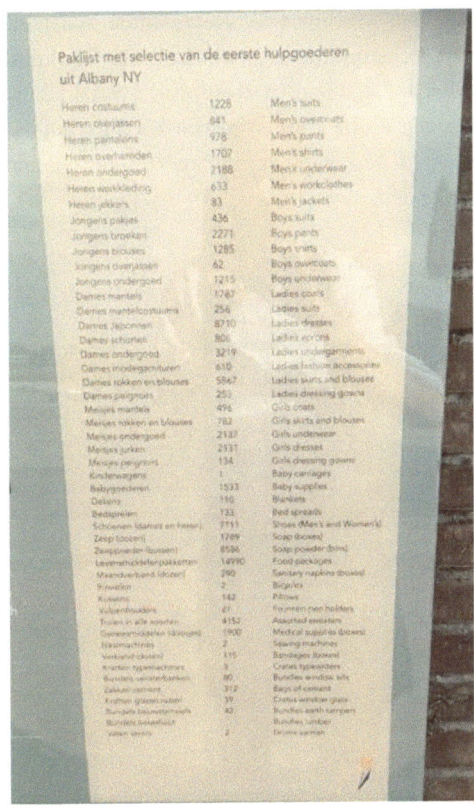

14. Personen

Leibniz-Denkmal, Hannover

Gottfried Wilhelm Leibniz, 1646 in Leipzig geboren, trat 1676 eine Bibliothekarstelle in der Residenzstadt Hannover an und blieb bis zu seinem Tod im Jahre 1716 in der Stadt. Ab 1698 lebte er in dem nach ihm benannten Leibnizhaus, welches im Zweiten Weltkrieg zerstört wurde und das später an anderer Stelle mit rekonstruierter Fassade neu aufgebaut wurde. In der Georgstraße in der Innenstadt, unweit von Kröpcke und Oper ist ein **Leibniz-Denkmal** zu finden. Eine Metallscheibe mit dem Kopfprofil von Leibniz zeigt auf der einen Seite die Worte **Einheit durch Vielfalt**, auf der anderen Seite wie verschiedene Zahlen auf binäre Weise mit 0 und 1 ausgedrückt werden können.

Leibniz-Denkmal, Georgstr., Hannover

Treppe mit Einstein-Schlüsseljahren, Ulm

Albert Einstein wurde am 14. März 1879 in Ulm geboren. Er ist aber biographisch ansonsten wenig mit Ulm verbunden, denn bereits 1880 zog die Familie nach München um. In Ulm wohnten die Einsteins in einem Haus in der Bahnhofstraße, welches im 2. Weltkrieg zerstört wurde. Eine Skulptur des Schweizer Bildhauers Max Bill erinnert heute an den Standort des Hauses. In den letzten Jahren wurden am Bahnhof die Sedelhöfe gebaut. Von dort führt eine **Treppe** in die Bahnhofsunterführung. An der Wand der Treppe sind Jahreszahlen zu lesen, wichtige **biographische Eckpunkte in Einsteins Leben**, angefangen mit seiner Geburt im Jahre 1879 bis zu seinem Tod 1955, beides mit großen Zahlen dargestellt. Die für ihn wichtigen Jahre 1905 (Relativitätstheorie) und 1921 (Nobelpreis) treten ebenfalls durch größere Zahlen hervor.

Ulm, Fußgängeraufgang zu den Sedelhöfen

Schlusswort

Ich hoffe, die kleine Sammlung von Zahlen auf Tafeln, Uhren, Displays und anderen Trägern ist für die LeserInnen unterhaltsam und anregend. Über Hinweise zu weiteren interessanten öffentlich sichtbaren Zahlen würde ich mich freuen. Kommentare zur bestehenden Sammlung sind ebenfalls willkommen. Am besten an: Richard.deiss@gmail.com

Zum Autor

Richard Deiss stammt aus Isny im Allgäu, studierte in den 1980er Jahren in München Geografie und arbeitete ab den 1990er Jahren als Verkehrsplaner und im Bereich der Statistik. Heute lebt er in Wuppertal und Berlin. Bei BoD hat er seit 2006 bereits 50 Titel publiziert, zuletzt neun Bücher zu von ihm besuchten Städten und 2 Wortspielbücher. Zurzeit arbeitet er an einer Buchreihe zu Gedenk- und Informationstafeln.

Seine Bücher decken Themengebiete ab, zu denen es bisher wenige Veröffentlichungen gibt. Die LeserInnen dürfen gespannt sein auf weitere Neuerscheinungen.

Quellennachweis:

Bilder: Richard Deiss, Ausnahmen:

Tartu: Ruth Pindus (Tartu)

Texte: Informationen zu den Texten

Berlin, SO 36
https://www.so36.com/

Berlin, Fahrradzählstelle
https://www.berlin.de/sen/uvk/verkehr/verkehrsplanung/radverkehr/weite
re-radinfrastruktur/zaehlstellen-und-fahrradbarometer/

Berlin, Berlin-Uhr
https://www.berlin-uhr.com/

Berlin, Verkehrsturm, Potsdamer Platz
https://www.spreefahrten-berlin.de/historische-ampel-potsdamer-platz/

Berlin, Süßmilch-Gedenktafel
https://www.gedenktafeln-in-
berlin.de/gedenktafeln/detail/johann-peter-suessmilch/426

Bonn, Berliner Meilenstein
http://www.berliner-meilensteine.de/home.html
https://de.wikipedia.org/wiki/Berliner_Meilenstein

Bremen, höchster Punkt
https://gipfelfieber.com/bremen-friedehorstpark-keinberg/

Bremen, Schuldenuhr
https://steuerzahler.de/aktuellesausniedersachsenundbremen/news/bremer
-schuldenuhr-tickt-mit-2180-euro-pro-sekunde-weiter-zuegig-
vorwaerts/?L=0&cHash=2674b52dcd64c95dc33d9e33829a034e

Brüssel, Zahl 42
https://www.spektrum.de/news/die-geheimnisse-der-zahl-42/1779027

Büsum, Persiluhr
https://de.wikipedia.org/wiki/Liste_der_Persiluhren_in_Deutschland

Düsseldorf, Schuldenfreiheitsuhr
https://www.duesseldorf.de/aktuelles/news/detailansicht/newsdetail/schuldenfreiheitsuhr-wurde-am-1-februar-abgeschaltet.html

Friedberg
https://denkmale.goettingen.de/denkmale/goettinger-sieben.html

Furtwangen, Bregquelle (Donauquelle)
https://de.wikipedia.org/wiki/Donauquelle

Hamburg. Miniatur Wunderland
https://www.miniatur-wunderland.de/

Hamburg, Barlach-Stele
https://www.hamburg.de/sehenswuerdigkeiten/3091888/ehrenmal/

Hamburg, Vermögensuhr
https://www.fsrk.de/vermoegensuhr

Hannover, Leibniz-Denkmal
https://www.hannover.de/Wirtschaft-Wissenschaft/Wissenschaft/Initiative-Wissenschaft-Hannover/Leibniz-in-Hannover/Leibnizkeks-und-andere-Denkmale-in-Hannover/Leibniz-Denkmal

Hannover, Weltbevölkerungsuhr
https://www.dsw.org/weltbevoelkerung/

https://www.hannover.de/Service/Presse-Medien/Hannover.de/Aktuelles/%C3%84ltere-Meldungen-Chronistenpflicht/Weltbev%C3%B6lkerungsuhr-Neuer-Standort

Hünfeld, Offenes Buch
https://www.museum-modern.art/das-offene-buch

Husum, Sturmflutmarken

http://www.naturgewalten.de/2sturmflutmarken.htm#:~:text=Die%20bekannteste%20Sturmflutmarke%20befindet%20sich,die%20bislang%20h%C3%B6chsten%20Wasserst%C3%A4nde%20gemessen.

Kerpen-Horrem, Grüner Bahnhof

https://www.bahnhof.de/resource/blob/511986/a09e6711b9497a0d175dff8d3870d46c/Gruener-Bahnhof-data.pdf

Koblenz, Bodenplatte 1944-1984

https://de.wikipedia.org/wiki/Luftangriffe_auf_Koblenz

Köln, Monte Troodelöh

https://de.wikipedia.org/wiki/Monte_Troodel%C3%B6h

Konstanz, Rheinkilometrierung

http://www.schiffundtechnik.com/lexikon/r/rheinkilometrierung.html

Minden, Friedensuhr

https://friedensuhr.minden-erleben.de/

Neuendorf-Sachsenbande, tiefste Landstelle Deutschlands

https://www.holstein-tourismus.de/de/unsere-region/detailansicht/detail/tiefste-landstelledeutschlands.html#:~:text=In%20der%20Wilstermarsch%2C%20einer%20der,2C54%20m%20unter%20NN)

Offenbach, Wetterpark

https://www.offenbach.de/wetterpark

Wien, Medienaktion Pi

https://www.wienerlinien.at/pi-2006

Wuppertal, Weltbevölkerungsuhr

https://de.wikipedia.org/wiki/Wuppertaler_Uhrenmuseum

in der Reihe **Tausend Tafeln**

Hier war Goethe nie
77 wundersam-witzige Info- und Gedenktafeln, Norderstedt 2022

Stadt der Gedichte
77 Gedichttafeln in Städten, Norderstedt 2022

Seltsame Zunge
77 Tafeln mit Dialekttexten, Norderstedt 2022

City of poems
77 Gedichttafeln in fremden Sprachen, Norderstedt 2022

Aalweber und Zitronenjette
77 städtische Originale und ihre Denkmäler, Norderstedt 2022

Rübezahl und Karpfenjule
77 fiktive Figuren und ihre Denkmäler, Norderstedt 2022

Baum der Besinnung und Splittereiche
77 Baumbegegnungen, Norderstedt 2023